# A FÓRMULA DA PROSPERIDADE

Eugénio Nelson Dianguila

Dianguila Empreendimentos, Lda

# A FÓRMULA DA PROSPERIDADE

Eugénio Nelson Dianguila

Dianguila Empreendimentos, Lda

(+244) 945 699 011 / (+244) 926 368 876
E-mail: geral@guilaweb.com
Bairro da Juventude, Casa n.º 62, Moçâmedes, Namibe, Angola

## Índice

Aula 1: Introdução à Prosperidade .................................................................. 9
    O Conceito de Prosperidade ........................................................................ 9
    Como uma Mentalidade Próspera Impacta a Vida ..................................... 12
    Os Pilares de uma Mentalidade Próspera ................................................. 12
    Definindo Seus Primeiros Objetivos de Prosperidade .............................. 12
    Passos para Definir Metas de Prosperidade ............................................. 13
    Exercício Prático ........................................................................................ 13
    Conclusão ................................................................................................... 13

Aula 2: A Ciência por Trás da Lei da Atração .................................................. 14
    O que é a Lei da Atração? .......................................................................... 14
    Como Funciona a Lei da Atração? ............................................................. 14
    Evidências Científicas e Psicológicas ....................................................... 15
    Neuroplasticidade ...................................................................................... 15
    O Efeito do Foco e do Sistema de Ativação Reticular (SAR) ..................... 15
    Como Usar a Lei da Atração para Atrair Prosperidade ............................. 15
    1. Visualização: Crie a Imagem da Sua Vida Próspera .............................. 15
    Exercício de Visualização: ......................................................................... 16
    2. Sentimento: Alinhe Suas Emoções com Suas Visualizações ................. 16
    3. Ação Inspirada: Transforme seus Pensamentos em Realidade .............. 16
    Exercícios Práticos para Usar a Lei da Atração ........................................ 16
    Conclusão ................................................................................................... 17

Aula 3: Reprogramando a Mente Subconsciente ............................................. 17
    A Mente Subconsciente: O Poder Oculto .................................................. 17
    Crenças Limitantes: O Que São e Como Bloqueiam a Prosperidade ........ 17
    Como Identificar Crenças Limitantes ....................................................... 18
    Perguntas para Identificar Crenças Limitantes: ....................................... 18
    Técnicas para Reprogramar a Mente Subconsciente ............................... 18
    1. Afirmações Positivas ............................................................................. 18
    Exemplos de Afirmações para Prosperidade: ........................................... 19
    Como Usar: ................................................................................................ 19
    2. Visualização Guiada ............................................................................... 19
    Exercício de Visualização Guiada: ............................................................ 19
    3. Hipnose ou Meditação Guiada ............................................................... 19

4. Escrita Terapêutica .................................................................................. 20
Exercício de Escrita Terapêutica: ............................................................. 20
5. Mude seu Ambiente ............................................................................... 20
Exercícios Práticos ..................................................................................... 20
Conclusão ................................................................................................... 21
Aula 4: Definindo Metas Claras para a Prosperidade ................................. 21
Por Que Definir Metas é Essencial? .......................................................... 21
O Que é uma Meta SMART? ....................................................................... 21
Como Definir Metas SMART para a Prosperidade .................................. 22
1. Seja Específico ....................................................................................... 22
Exemplos de Metas Específicas: ............................................................... 22
2. Torne-a Mensurável ............................................................................... 22
3. Certifique-se de que é Alcançável ....................................................... 22
4. Garanta que é Relevante ...................................................................... 23
5. Defina um Prazo .................................................................................... 23
Exercício Prático: Definindo suas Metas SMART ................................... 23
Ferramentas e Estratégias para Manter o Foco ...................................... 24
   1. Use um Diário de Metas ..................................................................... 24
   2. Crie um Plano de Ação ....................................................................... 24
   3. Monitore Diariamente ......................................................................... 24
   4. Recompense-se ................................................................................... 24
Conclusão ................................................................................................... 25
Aula 5: Mantendo uma Mentalidade de Crescimento para a Prosperidade ..... 25
O Poder da Mentalidade ............................................................................ 25
O Que é uma Mentalidade de Crescimento? ........................................... 25
Características de uma Mentalidade de Crescimento: .......................... 25
O Papel da Mentalidade no Sucesso Financeiro .................................... 26
Como Desenvolver uma Mentalidade de Crescimento .......................... 26
   1. Aceite Desafios .................................................................................... 26
   2. Encare o Fracasso como Aprendizado ........................................... 26
   3. Cultive o Hábito de Aprender Constantemente ............................. 27
   4. Seja Resiliente ..................................................................................... 27
   5. Receba Feedback com Mente Aberta .............................................. 27
Exercício Prático: Criando sua Mentalidade de Crescimento ............... 28

Conclusão .......................................................................................................... 28
Aula 6: O Poder das Ações Consistentes para a Prosperidade ....................... 29
   Por que a Consistência é Essencial? ............................................................ 29
   A Importância da Ação Diária ..................................................................... 29
      Exemplo: ..................................................................................................... 29
   A Fórmula Simples para o Sucesso: Pequenas Ações Repetidas ................ 29
   Pequena Ação + Consistência + Tempo = Grandes Resultados ................. 29
      Benefícios de Pequenas Ações Consistentes: ........................................... 29
   Transformando Seus Objetivos em Ações Diárias ..................................... 30
   Exemplo: Objetivo Financeiro ...................................................................... 30
   Criando uma Rotina Diária de Sucesso ....................................................... 30
      Passo 1: Defina Suas Prioridades ............................................................ 30
      Passo 2: Defina um Horário Fixo ............................................................. 30
      Passo 3: Mantenha-se Responsável ......................................................... 30
   Vencendo a Procrastinação .......................................................................... 31
      1. Divida Tarefas Grandes em Pequenas ................................................. 31
      2. Use o Método de 5 Minutos ................................................................. 31
      3. Recompense-se ...................................................................................... 31
   Exercício Prático: Definindo Suas Ações Diárias ....................................... 31
   Conclusão ...................................................................................................... 32
Aula 7: O Crescimento Exponencial e o Impacto das Suas Ações Diárias ...... 32
   Entendendo o Crescimento Exponencial .................................................... 32
      Exemplo de Crescimento Exponencial: ................................................... 32
   Como as Ações Diárias Contribuem para o Crescimento Exponencial ........ 32
      1. A Importância da Repetição ................................................................. 32
      2. Aumentando seu Potencial de Oportunidades .................................... 33
      3. Impacto da Rede de Relacionamentos ................................................. 33
   Desenvolvendo um Plano de Crescimento Exponencial ............................ 33
      Passo 1: Defina Seu Objetivo de Crescimento ........................................ 33
      Passo 2: Estabeleça Ações Diárias Consistentes .................................... 33
      Passo 3: Acompanhe Seu Progresso ........................................................ 34
      Passo 4: Reflita e Ajuste .......................................................................... 34
   Exercício Prático: Aplicando o Crescimento Exponencial na Sua Vida ...... 34
   Conclusão ...................................................................................................... 35

Aula 8: Estabelecendo Metas Claras e Específicas para a Prosperidade ......... 35

    A Importância das Metas ................................................................................. 35

    O que são Metas Claras e Específicas? ............................................................ 35

    Por que Estabelecer Metas? ............................................................................. 35

        1. Foco e Direção ......................................................................................... 36

        2. Motivação ................................................................................................ 36

        3. Medição de Progresso ............................................................................. 36

        4. Superação de Desafios ............................................................................ 36

    Como Estabelecer Metas Claras e Específicas ................................................ 36

        Passo 1: Identifique Seus Desejos e Objetivos ............................................ 36

        Passo 2: Transforme Desejos em Metas ..................................................... 36

        Passo 3: Quebre Metas em Etapas Menores ............................................... 37

        Passo 4: Estabeleça Prazos ......................................................................... 37

        Passo 5: Revise e Ajuste Suas Metas .......................................................... 37

    Exercício Prático: Estabelecendo Suas Metas ................................................. 37

    Conclusão .......................................................................................................... 38

Aula 9: Cultivando uma Mentalidade de Abundância ........................................ 38

    O que é Mentalidade de Abundância? ............................................................. 38

    Contraste entre Mentalidade de Abundância e Mentalidade de Escassez ... 38

    Por que a Mentalidade de Abundância é Importante? .................................... 38

        1. Abertura para Oportunidades ................................................................ 38

        2. Colaboração e Networking ...................................................................... 39

        3. Resiliência em Momentos Difíceis ......................................................... 39

        4. Crescimento Pessoal e Profissional ....................................................... 39

    Como Cultivar uma Mentalidade de Abundância ........................................... 39

        1. Pratique a Gratidão ................................................................................. 39

        2. Afirme Suas Crenças Positivas ............................................................... 39

        3. Cerque-se de Pessoas Positivas .............................................................. 40

        4. Mude sua Linguagem .............................................................................. 40

        5. Pratique a Generosidade ......................................................................... 40

    Exercício Prático: Cultivando a Mentalidade de Abundância ....................... 40

    Conclusão .......................................................................................................... 41

Aula 10: A Importância da Inteligência Emocional na Prosperidade .............. 41

    O que é Inteligência Emocional? ..................................................................... 41

Componentes da Inteligência Emocional .................................................................. 41

    1. Tomada de Decisões ............................................................................................. 42

    2. Resiliência ............................................................................................................... 42

    3. Relacionamentos Saudáveis ................................................................................ 42

    4. Aumento da Motivação ........................................................................................ 42

Como Desenvolver a Inteligência Emocional ........................................................... 42

    1. Pratique o Autoconhecimento ............................................................................ 42

    2. Aprenda a Gerenciar suas Emoções .................................................................. 42

    3. Cultive a Empatia .................................................................................................. 43

    4. Melhore suas Habilidades Sociais ...................................................................... 43

    5. Busque Feedback .................................................................................................. 43

Exercício Prático: Desenvolvendo sua Inteligência Emocional ............................. 43

Conclusão .......................................................................................................................... 44

Aula 11: A Importância da Mentalidade de Crescimento na Prosperidade ..... 44

O que é Mentalidade de Crescimento? ...................................................................... 44

Contraste entre Mentalidade de Crescimento e Mentalidade Fixa .................... 44

Por que a Mentalidade de Crescimento é Importante para a Prosperidade? 44

    1. Abordagem Proativa em Relação a Desafios ................................................... 45

    2. Aprendizado Contínuo ......................................................................................... 45

    3. Resiliência e Superação ........................................................................................ 45

    4. Melhores Relacionamentos ................................................................................. 45

Como Cultivar uma Mentalidade de Crescimento ................................................. 45

    1. Aceite Desafios ...................................................................................................... 45

    2. Reflita sobre o Fracasso ....................................................................................... 45

    3. Mantenha uma Mentalidade de Aprendizado ................................................ 46

    4. Busque Feedback .................................................................................................. 46

    5. Pratique a Autocompaixão ................................................................................. 46

Exercício Prático: Cultivando a Mentalidade de Crescimento ............................. 46

Conclusão .......................................................................................................................... 47

Aula 12: Definindo Metas Claras para Alcançar a Prosperidade ....................... 47

Por que Definir Metas é Importante? ......................................................................... 47

    Benefícios de Definir Metas ..................................................................................... 47

    Como Definir Metas Eficazes .................................................................................. 47

Exemplos Práticos de Definição de Metas ................................................................ 48

Exemplo 1: Carreira .................................................................................. 48

Exemplo 2: Desenvolvimento Pessoal ..................................................... 48

Exemplo 3: Saúde e Bem-Estar ............................................................... 48

Exemplo 4: Finanças Pessoais ................................................................ 48

Como Acompanhar o Progresso ..................................................................... 49

Exercício Prático: Definindo suas Próprias Metas ........................................ 49

Conclusão ....................................................................................................... 49

Bibliografia .................................................................................................... 50

## Aula 1: Introdução à Prosperidade

### O Conceito de Prosperidade

A prosperidade vai muito além de simplesmente ter dinheiro no banco. Ela envolve uma vida de abundância em todas as áreas: saúde, relacionamentos, realizações pessoais, e, claro, no aspecto financeiro. A verdadeira prosperidade é um estado de equilíbrio e bem-estar, onde você se sente pleno em cada momento da sua vida.

Imagine como seria viver uma vida onde você acorda todos os dias com energia, gratidão e propósito. Onde seus relacionamentos são cheios de amor, compreensão e apoio mútuo. Onde você se sente realizado, seja no trabalho ou em seus projetos pessoais. E, além disso, onde você tem liberdade financeira para fazer escolhas que te trazem alegria, sem se preocupar com escassez ou limitações. **Isso é prosperidade holística.**

Na Bíblia, o conceito de prosperidade está relacionado ao equilíbrio em todas as áreas da vida: espiritual, emocional, física e material. A verdadeira prosperidade bíblica é um estado de bem-estar pleno, onde você experimenta a paz e a graça de Deus em todas as esferas da sua vida.

### Prosperidade Além do Dinheiro

Muitas vezes, somos ensinados a acreditar que prosperidade é sinônimo de dinheiro. Mas quantas pessoas que têm riqueza financeira ainda se sentem vazias por dentro? Isso acontece porque a verdadeira prosperidade não está apenas em ganhar mais, mas em viver mais – viver com propósito, com amor, com saúde, e com paz interior.

A prosperidade envolve cuidar de todas as áreas da sua vida. Dinheiro é importante, mas de que vale acumular riquezas se a sua saúde está em ruínas? Ou se você não tem tempo para as pessoas que ama? A verdadeira prosperidade é viver em abundância em cada aspecto: física, emocional e espiritualmente.

Em Provérbios, somos ensinados que a sabedoria e o entendimento são mais preciosos do que o ouro ou a prata. "Bem-aventurado o homem que acha sabedoria, e o homem que adquire conhecimento; porque é melhor a sua mercadoria do que a mercadoria da prata, e a sua renda do que o ouro mais fino" (Provérbios 3:13-14). Isso nos mostra que a prosperidade começa com a busca da sabedoria de Deus, que nos guia em todas as áreas da vida. Não é apenas sobre acumular riqueza, mas viver uma vida sábia e alinhada com os princípios divinos.

## Saúde: O Alicerce da Prosperidade

A saúde é o seu maior ativo. Quando você está saudável, tem energia e disposição para alcançar seus sonhos. Muitas pessoas negligenciam esse pilar, pensando que podem "compensar" a falta de saúde com mais trabalho ou dinheiro. Mas a verdadeira prosperidade começa com um corpo saudável, uma mente em paz e uma vida livre de estresse.

A saúde também é um reflexo da prosperidade de Deus para nós. Em Provérbios 3:7-8, lemos: "Não sejas sábio a teus próprios olhos; teme ao Senhor e aparta-te do mal. Isso será saúde para o teu corpo e refrigério, para os teus ossos." Aqui, a Bíblia nos ensina que a verdadeira saúde vem quando nos afastamos do mal e vivemos com temor a Deus. Prosperidade é cuidar do corpo que Deus nos deu, tratando-o como um templo (1 Coríntios 6:19-20).

**Cuidar da saúde** deve ser prioridade em uma vida próspera. Simples ações, como uma alimentação equilibrada, praticar exercícios e dar atenção ao seu bem-estar mental, criam uma base sólida para todas as outras formas de abundância fluírem naturalmente.

## Relacionamentos: A Chave para Uma Vida Plena

Uma vida próspera também envolve relações enriquecedoras. Prosperidade não é apenas sobre o que você possui, mas sobre quem você tem ao seu lado. Ter relacionamentos genuínos, baseados em confiança e respeito, é uma das maiores fontes de felicidade e realização. A presença de pessoas que te apoiam, inspiram e compartilham sua jornada faz toda a diferença.

Concentre-se em cultivar conexões autênticas. Uma rede de apoio emocional é essencial para uma vida verdadeiramente próspera. Prosperidade é compartilhar momentos, desafios e sucessos com aqueles que você ama e respeita.

Os relacionamentos são outro aspecto importante da prosperidade bíblica. Provérbios 17:17 nos lembra que "em todo o tempo ama o amigo e na angústia se faz o irmão." Uma vida próspera inclui laços fortes e saudáveis com os outros, onde o amor, a confiança e o apoio mútuo estão presentes. Ter pessoas ao nosso redor que nos ajudam a crescer e que podemos apoiar em tempos difíceis é um dos maiores sinais de prosperidade.

## Propósito de Vida: O Motor da Prosperidade

Uma das maiores chaves para a prosperidade é viver com propósito. Quando você encontra um propósito – algo que te faz levantar da cama com entusiasmo – a prosperidade flui naturalmente para sua vida. Não importa se esse propósito está no seu trabalho, em um projeto pessoal ou em causas pelas quais você é apaixonado. O que importa é que você sinta que sua vida tem sentido.

Uma vida com propósito é uma vida próspera. Provérbios 16:3 nos ensina: "Confia ao Senhor as tuas obras, e teus pensamentos serão estabelecidos." Quando vivemos com propósito, entregando nossos planos a Deus, Ele nos guia e nos faz prosperar. Prosperidade é viver de acordo com o chamado que Deus tem para cada um de nós, sabendo que Ele nos abençoará em cada etapa da jornada.

**Propósito gera prosperidade.** Quando você está alinhado com aquilo que ama, sua energia é contagiante, e as oportunidades surgem de formas inesperadas. E o melhor de tudo: você se sente realizado, independentemente de onde está no caminho.

## O Aspecto Financeiro: Liberdade, Não Apenas Dinheiro

Dinheiro é uma ferramenta poderosa, mas é apenas uma parte da equação da prosperidade. A verdadeira liberdade financeira é a capacidade de fazer escolhas – escolhas que te trazem felicidade e não apenas segurança. A prosperidade financeira é sobre gerenciar bem o que você já tem, atrair novas oportunidades de ganho, e saber que sempre haverá abundância disponível.

Lembre-se: prosperidade financeira não é sobre viver com medo de perder o que você tem, mas sim sobre criar um fluxo constante de abundância, onde você sabe que mais sempre está a caminho. É sobre viver sem escassez, mas também sem excessos que não trazem valor real.

A prosperidade é um estado de espírito. Quando você começa a enxergar a vida como uma jornada cheia de oportunidades para crescer, aprender, e viver em equilíbrio, você se abre para uma nova forma de ser. Comece hoje a cultivar essa mentalidade próspera. Foque na saúde, nutra seus relacionamentos, viva com propósito e crie liberdade financeira.

Você nasceu para ser próspero. Tudo o que você precisa já está dentro de você, esperando ser despertado. **A chave para a verdadeira prosperidade é viver com gratidão, propósito e ação.** O caminho para a prosperidade começa com um simples pensamento: *"Eu mereço*

*viver em abundância."* E esse pensamento tem o poder de transformar toda a sua vida.

Embora o dinheiro seja um aspecto da prosperidade, ele deve ser visto como uma ferramenta para abençoar e ser abençoado. Provérbios 10:22 afirma: "A bênção do Senhor é que enriquece, e ele não acrescenta dores com ela." Quando colocamos nossa confiança em Deus e usamos nossos recursos de forma sábia, experimentamos prosperidade financeira sem a ansiedade ou o peso que frequentemente acompanha a busca incessante por riquezas.

**Como uma Mentalidade Próspera Impacta a Vida**

A forma como pensamos sobre prosperidade é crucial para manifestá-la em nossas vidas. Uma mentalidade próspera está diretamente ligada ao modo como você enxerga o mundo e se posiciona diante dos desafios e oportunidades.

Muitas pessoas acreditam que a prosperidade depende exclusivamente de fatores externos, como a sorte ou as circunstâncias financeiras. No entanto, uma mentalidade próspera desafia essa visão limitada. Ela ensina que prosperidade é criada a partir de dentro, começando com os seus pensamentos, crenças e comportamentos.

**Os Pilares de uma Mentalidade Próspera**

1. **Gratidão:** Ser grato pelo que você já tem abre as portas para mais abundância. Pessoas prósperas tendem a focar nas coisas positivas da vida e não naquilo que falta.
2. **Mentalidade de Crescimento:** Acreditar que é possível crescer e melhorar continuamente é essencial para alcançar a prosperidade. Pessoas com essa mentalidade veem os desafios como oportunidades de aprendizado.
3. **Autoconfiança:** Confiança nas próprias habilidades e no próprio valor. Pessoas prósperas sabem que merecem prosperar e estão dispostas a trabalhar para isso.
4. **Abertura à Abundância:** Acreditar que há o suficiente para todos e que o sucesso dos outros não diminui o seu. Uma mentalidade próspera não tem espaço para a inveja ou o medo da escassez.

**Definindo Seus Primeiros Objetivos de Prosperidade**

Agora que você compreende o que é a verdadeira prosperidade, é hora de começar a aplicá-la em sua vida. O primeiro passo para atrair prosperidade é definir metas claras e realistas. Isso ajuda a focar seus esforços e a criar um plano de ação concreto para manifestar seus desejos.

## Passos para Definir Metas de Prosperidade

1. **Identifique Suas Áreas de Vida:** Pense nas áreas da sua vida que você gostaria de melhorar. Isso pode incluir aspectos como finanças, saúde, trabalho, família, relacionamentos e bem-estar emocional.
2. **Seja Específico:** Defina metas específicas para cada área. Por exemplo, se o seu objetivo é melhorar sua saúde financeira, estabeleça um valor exato que você deseja economizar ou investir em um determinado período.
3. **Defina um Prazo:** Toda meta precisa de um prazo para ser alcançada. Isso o ajuda a manter o foco e a medir o progresso ao longo do tempo.
4. **Acredite no Processo:** Parte da prosperidade é acreditar que suas metas são possíveis e que você é capaz de alcançá-las. Visualize-se alcançando essas metas.
5. **Ação Diária:** Defina ações pequenas e diárias que o movam em direção às suas metas. A consistência é fundamental no caminho para a prosperidade.

## Exercício Prático

Pegue um caderno ou um diário e faça o seguinte exercício:

- **Escreva três áreas da sua vida nas quais você gostaria de ver mais prosperidade.**
- **Para cada área, escreva uma meta clara e específica.**
- **Anote as ações que você pode começar a tomar hoje para aproximar-se dessas metas.**

Este é o ponto de partida da sua jornada para a prosperidade. O simples fato de definir suas intenções já coloca você no caminho certo para atrair abundância.

## Conclusão

Prosperidade é mais do que dinheiro; é uma mentalidade, um estado de espírito e uma forma de viver. Nesta primeira aula, aprendemos que para alcançar prosperidade, precisamos desenvolver uma mentalidade de abundância, focar em gratidão e crescimento, e definir metas claras para manifestar os nossos desejos. Na próxima aula, exploraremos como a **Lei da Atração** pode ajudá-lo a atrair prosperidade para sua vida de maneira consciente.

A prosperidade verdadeira, segundo a Bíblia, é uma vida em que Deus é o centro e o guia. Quando buscamos a sabedoria divina, cuidamos de nossa saúde, cultivamos relacionamentos fortes e vivemos com propósito, a prosperidade flui naturalmente. Como Provérbios 3:5-6 diz: "Confia no Senhor de todo o teu coração, e não te estribes no teu próprio entendimento. Reconhece-o em todos os teus caminhos, e ele endireitará as tuas veredas." Ao seguir esse caminho, vivemos em abundância em todas as áreas da vida.

## Aula 2: A Ciência por Trás da Lei da Atração

### O que é a Lei da Atração?

A **Lei da Atração** é um princípio que afirma que os nossos pensamentos e sentimentos têm um impacto direto sobre as experiências que atraímos para nossas vidas. Em termos simples, a ideia central é que você atrai aquilo em que mais foca sua atenção, seja positivo ou negativo. Se você constantemente pensa em prosperidade, abundância e sucesso, você naturalmente atrairá oportunidades e circunstâncias que refletem esses pensamentos. Por outro lado, focar no medo, nas dificuldades e na escassez tende a atrair mais desafios.

Simplificando, aquilo em que você foca a atenção é o que você atrai, seja positivo ou negativo. Se você se concentra em prosperidade, abundância e sucesso, naturalmente atrairá oportunidades que refletem esses pensamentos. No entanto, focar em medo, dificuldades ou escassez tende a gerar mais desafios.

A Bíblia nos ensina em Provérbios 23:7: "Porque, como imagina em sua alma, assim ele é." Esse versículo reforça o poder que nossos pensamentos têm sobre nossa realidade.

### Como Funciona a Lei da Atração?

A Lei da Atração baseia-se na ideia de que o universo funciona como um campo energético. Cada pensamento que temos emite uma vibração e, de acordo com a Lei, vibrações semelhantes se atraem. Isso significa que, se você está em uma vibração positiva, focada em coisas boas, você atrairá eventos, pessoas e oportunidades que estão na mesma frequência.

A chave é reconhecer que o universo responde não apenas aos seus desejos conscientes, mas também às suas crenças e emoções mais profundas. Ou seja, o que você acredita e sente constantemente será o que você atrairá.

## Evidências Científicas e Psicológicas

Embora a Lei da Atração seja muitas vezes associada a conceitos espirituais, há evidências científicas e psicológicas que apoiam a ideia de que nossos pensamentos influenciam nossa realidade. Estudos de neurociência mostram que a nossa mentalidade tem um efeito direto sobre o nosso comportamento, nossas escolhas e, em última análise, os resultados que experimentamos na vida.

## Neuroplasticidade

Um conceito central que apoia a Lei da Atração é a **neuroplasticidade**. A neuroplasticidade refere-se à capacidade do cérebro de se reorganizar e formar novas conexões neurais com base em nossos pensamentos, experiências e comportamentos. Quando você foca repetidamente em pensamentos positivos, você treina seu cérebro a buscar e reconhecer mais oportunidades e soluções positivas.

## O Efeito do Foco e do Sistema de Ativação Reticular (SAR)

O **Sistema de Ativação Reticular** (SAR) é uma parte do cérebro que filtra as informações que recebemos e decide o que é relevante para nós. Quando você se concentra em algo, o SAR começa a filtrar e destacar informações relacionadas a esse foco. Isso explica por que, quando você decide comprar um novo carro, de repente parece que você vê esse carro em todos os lugares – é o SAR em ação. Da mesma forma, se você está focado em prosperidade e abundância, o SAR começa a identificar oportunidades que antes passavam despercebidas.

## Como Usar a Lei da Atração para Atrair Prosperidade

Agora que você entende o fundamento da Lei da Atração, é hora de aplicá-la na sua vida. O processo envolve três passos principais: **visualização**, **sentimento** e **ação**.

### 1. Visualização: Crie a Imagem da Sua Vida Próspera

A visualização é uma ferramenta poderosa para alinhar seus pensamentos com aquilo que deseja manifestar. Quando você visualiza, cria uma imagem mental clara de como gostaria que sua vida fosse. No contexto da prosperidade, você deve visualizar-se vivendo uma vida abundante, onde suas metas de sucesso financeiro, saúde e felicidade são uma realidade.

**Exercício de Visualização:**

- Encontre um lugar tranquilo onde possa relaxar por alguns minutos.
- Feche os olhos e comece a visualizar sua vida ideal. Imagine-se acordando em um dia perfeito, onde todas as suas metas já foram alcançadas.
- Como é sua casa? Como você se sente? O que você faz ao longo do dia? Quem está ao seu redor?
- Envolva todos os seus sentidos na visualização – sinta as emoções, veja as cores, ouça os sons, cheire os aromas desse futuro próspero.

## 2. Sentimento: Alinhe Suas Emoções com Suas Visualizações

A Lei da Atração responde não apenas aos seus pensamentos, mas às suas emoções. Você precisa sentir que já está vivendo essa realidade próspera. As emoções, como a gratidão, a alegria e a confiança, são poderosos amplificadores para manifestar seus desejos.

**Dica:** Após a visualização, foque nas emoções positivas que você sentiu. Se puder, escreva essas emoções em um diário e releia sempre que sentir que suas vibrações estão baixas.

## 3. Ação Inspirada: Transforme seus Pensamentos em Realidade

A Lei da Atração não significa apenas pensar e esperar que as coisas aconteçam sem esforço. Uma parte crucial do processo é a ação inspirada. Isso significa que, quando você estiver alinhado com uma mentalidade de prosperidade, começará a perceber pequenas oportunidades de ação que antes não via. Essas ações são passos concretos que o aproximam de suas metas.

**Exemplo:** Imagine que, durante sua visualização, você se viu como um empresário bem-sucedido. Agora que está alinhado com essa visão, preste atenção nas oportunidades à sua volta: convites para eventos, novas conexões ou até mesmo uma ideia de negócio. Cada ação que você tomar o leva um passo mais perto do que deseja.

**Exercícios Práticos para Usar a Lei da Atração**

Aqui estão algumas atividades práticas para começar a usar a Lei da Atração:

1. **Crie um Quadro de Visão:** Cole imagens, palavras e frases que representem seus objetivos de prosperidade. Olhe para ele todos os dias e visualize essas imagens se tornando realidade.
2. **Prática Diária de Gratidão:** Antes de dormir, escreva três coisas pelas quais você é grato no seu dia. Isso o ajuda a focar no positivo, o que atrai mais coisas boas para sua vida.
3. **Afirmações Positivas:** Repita afirmações que reforcem sua prosperidade. Por exemplo, "Estou aberto para receber abundância em todas as áreas da minha vida."

**Conclusão**

Nesta aula, exploramos a Lei da Atração e como ela pode ser usada como uma ferramenta poderosa para atrair prosperidade. Entendemos que nossos pensamentos e emoções moldam nossa realidade e que a visualização, o sentimento e a ação inspirada são os pilares para manifestar uma vida próspera. Aplique esses conceitos no seu dia a dia, e você verá mudanças surpreendentes começarem a acontecer.

Na próxima aula, aprofundaremos como reprogramar a mente subconsciente, o que é crucial para remover bloqueios e crenças limitantes que impedem a prosperidade.

## Aula 3: Reprogramando a Mente Subconsciente

### A Mente Subconsciente: O Poder Oculto

A mente subconsciente é um dos elementos mais poderosos na criação da sua realidade, responsável por 95% dos nossos pensamentos, emoções e ações automáticas. Ela funciona como um "piloto automático", armazenando todas as suas crenças, hábitos e padrões de comportamento, tanto positivos quanto negativos. O que você experimenta na vida hoje é um reflexo direto do que está programado na sua mente subconsciente.

Para atrair prosperidade de maneira contínua e natural, é essencial alinhar sua mente subconsciente com suas metas conscientes de abundância. No entanto, a maioria das pessoas carrega crenças limitantes que bloqueiam o caminho para o sucesso, e é aqui que entra o processo de reprogramação.

### Crenças Limitantes: O Que São e Como Bloqueiam a Prosperidade

Crenças limitantes são aquelas ideias profundamente enraizadas que moldam sua percepção de si mesmo e do mundo, muitas vezes sem que

você perceba. Elas atuam como barreiras invisíveis que sabotam seus esforços para prosperar. Exemplos comuns de crenças limitantes incluem:

- "Dinheiro é difícil de ganhar."
- "Eu não mereço ser rico."
- "As pessoas ricas são egoístas."
- "Só quem tem sorte alcança o sucesso."

Essas crenças, muitas vezes adquiridas na infância, por meio da cultura ou de experiências pessoais, podem estar profundamente arraigadas na mente subconsciente, influenciando seu comportamento e criando um ciclo de escassez.

## Como Identificar Crenças Limitantes

O primeiro passo para reprogramar sua mente subconsciente é reconhecer suas crenças limitantes. Muitas vezes, elas se manifestam como pensamentos automáticos que surgem quando você enfrenta desafios ou tenta alcançar algo novo.

## Perguntas para Identificar Crenças Limitantes:

1. Quando você pensa em dinheiro e prosperidade, quais são os pensamentos imediatos que vêm à sua mente?
2. Como você se sente em relação ao sucesso? Ele parece algo distante ou inalcançável?
3. Em quais áreas da vida você sente que está estagnado ou enfrentando dificuldades?

**Exemplo:** Se você sempre diz a si mesmo "Nunca vou conseguir juntar dinheiro suficiente", isso pode ser uma crença limitante profundamente enraizada que está bloqueando sua prosperidade.

## Técnicas para Reprogramar a Mente Subconsciente

Felizmente, a mente subconsciente é flexível e pode ser reprogramada para apoiar suas metas de abundância. Existem várias técnicas poderosas que ajudam a substituir crenças limitantes por crenças de prosperidade.

## 1. Afirmações Positivas

Afirmações são declarações curtas e positivas que você repete a si mesmo para substituir pensamentos negativos. Elas funcionam porque, quando repetidas consistentemente, essas afirmações começam a se instalar na mente subconsciente, criando novas crenças.

**Exemplos de Afirmações para Prosperidade:**

- "Eu mereço prosperar e ser feliz."
- "O dinheiro vem a mim de forma fácil e frequente."
- "Estou aberto para receber abundância em todas as áreas da minha vida."
- "Eu sou digno de sucesso financeiro e emocional."

**Como Usar:**

- Repita suas afirmações em voz alta, pelo menos duas vezes por dia, preferencialmente pela manhã e à noite.
- Escreva-as em lugares visíveis, como no espelho do banheiro ou no seu espaço de trabalho, para reforçar a nova programação.

### 2. Visualização Guiada

A visualização é uma ferramenta poderosa porque a mente subconsciente não distingue entre uma experiência real e uma vivida intensamente na imaginação. Ao visualizar-se já vivendo a vida que deseja, você começa a criar uma nova realidade interna, que eventualmente será refletida no mundo exterior.

**Exercício de Visualização Guiada:**

- Encontre um lugar calmo, feche os olhos e relaxe.
- Imagine-se vivendo uma vida abundante. Visualize detalhes específicos: onde você mora, o que você faz, como se sente e quem está com você.
- Sinta-se profundamente grato por essa nova realidade, como se já fosse verdade. Quanto mais vívida for a sua visualização, mais impacto ela terá na sua mente subconsciente.

### 3. Hipnose ou Meditação Guiada

A hipnose e a meditação guiada são métodos eficazes para acessar a mente subconsciente em um estado relaxado e receptivo. Durante a hipnose ou meditação, você pode substituir padrões mentais negativos por novos pensamentos positivos e fortalecedores.

**Dica:** Existem várias gravações de meditações guiadas e hipnoses voltadas para a prosperidade disponíveis online. Escolha um áudio que se alinhe com suas metas e escute regularmente.

## 4. Escrita Terapêutica

Escrever é uma excelente maneira de acessar a mente subconsciente. Quando você escreve sobre suas crenças e sentimentos em relação à prosperidade, pode identificar bloqueios ocultos e começar a reformular suas percepções.

### Exercício de Escrita Terapêutica:

- Pegue um caderno e escreva livremente sobre seus pensamentos e sentimentos em relação ao dinheiro, ao sucesso e à abundância. Não se censure.
- Após escrever, releia suas palavras e identifique crenças limitantes.
- Agora, reformule essas crenças limitantes em crenças positivas. Por exemplo, se você escreveu "Eu não consigo economizar dinheiro", reformule para "Eu sou excelente em gerenciar minhas finanças e economizar para o futuro."

## 5. Mude seu Ambiente

Seu ambiente tem um impacto significativo em suas crenças e comportamento. Estar cercado por pessoas que compartilham uma mentalidade de escassez pode reforçar suas crenças limitantes. Por outro lado, ambientes que refletem prosperidade e abundância podem ajudar a reprogramar sua mente subconsciente.

### Dica:

- Conecte-se com pessoas que já têm a mentalidade de abundância. Ler livros, assistir palestras e seguir influenciadores que promovem a prosperidade pode criar um ambiente mental mais próspero.
- Organize seu espaço de trabalho ou sua casa de uma maneira que reflita organização e prosperidade. Pequenos ajustes, como manter seu espaço limpo e atraente, podem influenciar sua mente subconsciente a se sentir próspera.

## Exercícios Práticos

Aqui estão alguns exercícios que você pode realizar para começar a reprogramar sua mente subconsciente:

1. **Escreva 10 Afirmações:** Crie 10 afirmações que você repetirá todos os dias. Concentre-se em áreas como finanças, felicidade e sucesso.

2. **Sessão de Visualização Diária:** Reserve 5 a 10 minutos por dia para visualizar suas metas de prosperidade já realizadas. Acredite e sinta essas imagens como se fossem reais.
3. **Monitoramento de Pensamentos:** Ao longo do dia, preste atenção aos pensamentos automáticos que surgem. Sempre que identificar um pensamento negativo ou limitante, substitua-o por um positivo imediatamente.

**Conclusão**

Reprogramar a mente subconsciente é um passo crucial no caminho para a prosperidade. Ao identificar e substituir crenças limitantes, você cria um novo terreno fértil para o crescimento e o sucesso. Com o uso de afirmações, visualizações, meditação e escrita terapêutica, você pode alinhar sua mente subconsciente com a abundância que deseja atrair para sua vida.

Na próxima aula, falaremos sobre a **Definição de Metas para a Prosperidade** e como transformar seus sonhos em objetivos claros e alcançáveis.

## Aula 4: Definindo Metas Claras para a Prosperidade

### Por Que Definir Metas é Essencial?

A definição de metas é um dos elementos mais importantes no caminho para a prosperidade. Sem metas claras, você fica sem direção, como um barco à deriva. Metas bem definidas ajudam a concentrar sua energia, motivam ações concretas e criam uma sensação de propósito. Quando se trata de prosperidade, metas financeiras, pessoais e profissionais desempenham um papel fundamental na criação de uma vida abundante e bem-sucedida.

Neste módulo, vamos explorar como definir metas que sejam específicas, mensuráveis, alcançáveis, relevantes e com prazos — o famoso método **SMART** — e como essa abordagem pode acelerar sua jornada rumo à prosperidade.

### O Que é uma Meta SMART?

SMART é um acrônimo em inglês que descreve as características de uma meta eficaz. Cada letra representa um aspecto fundamental que torna sua meta mais atingível:

- **S - Specific (Específica):** A meta deve ser clara e precisa. Quanto mais detalhes, melhor.

- **M - Measurable (Mensurável):** A meta precisa ter um critério que permita acompanhar o progresso.
- **A - Achievable (Alcançável):** A meta deve ser possível de atingir, considerando seus recursos e limitações.
- **R - Relevant (Relevante):** A meta precisa ter um impacto direto nos seus objetivos de vida e estar alinhada com seus valores.
- **T - Time-bound (Com Prazo):** Estabeleça um prazo para alcançar a meta. Isso cria urgência e aumenta o foco.

**Como Definir Metas SMART para a Prosperidade**

Agora que você entende a importância de metas claras, vamos aplicar o método SMART ao desenvolvimento de objetivos de prosperidade.

**1. Seja Específico**

Uma meta vaga, como "quero ser rico", é muito ampla e não oferece uma direção clara. Em vez disso, uma meta específica fornece um caminho concreto para seguir. Por exemplo, em vez de "quero ter mais dinheiro", você poderia definir: "Quero aumentar minha renda mensal em 30% nos próximos seis meses."

**Exemplos de Metas Específicas:**

- "Quero economizar 10.000 kwanzas até o final do ano."
- "Quero lançar um curso online e atrair 100 alunos nos próximos três meses."
- "Quero eliminar todas as minhas dívidas em um ano."

**2. Torne-a Mensurável**

Uma meta mensurável permite acompanhar seu progresso ao longo do tempo. Isso também o ajuda a ajustar suas ações se perceber que está fora do curso. Use métricas concretas para avaliar seu avanço.

**Exemplo:** Se você deseja economizar dinheiro, defina a quantia exata que pretende economizar a cada mês e acompanhe seu progresso semanalmente ou mensalmente.

**3. Certifique-se de que é Alcançável**

Uma meta precisa ser desafiadora, mas também deve ser realista. Metas muito ambiciosas podem levar à frustração e ao desânimo se parecerem inalcançáveis. Considere suas circunstâncias atuais e os recursos à sua disposição ao definir metas.

**Dica:** Divida metas grandes em pequenas etapas que você pode realizar ao longo do tempo. Isso facilita o progresso e mantém a motivação alta.

**Exemplo:** Se você quer economizar 100.000 kwanzas em um ano, mas seu orçamento mensal só permite economizar 5.000 kwanzas, essa meta pode ser irrealista. Ajuste o valor ou considere outras formas de aumentar sua renda.

## 4. Garanta que é Relevante

Certifique-se de que sua meta está alinhada com seus valores e com sua visão de prosperidade. Pergunte-se: "Como essa meta contribuirá para o meu bem-estar geral e para a vida que quero criar?" Se a meta não tiver importância pessoal, você provavelmente perderá a motivação para alcançá-la.

**Exemplo:** Se seu objetivo é ter mais tempo com a família, pode não fazer sentido estabelecer uma meta de trabalhar 80 horas por semana, mesmo que isso possa aumentar sua renda. A relevância deve estar em equilíbrio com seus outros valores e prioridades.

## 5. Defina um Prazo

Metas sem prazo tendem a ser postergadas. Definir um prazo ajuda a criar urgência e foco. Além disso, prazos permitem medir se você está no caminho certo e fazem com que você se comprometa mais seriamente.

**Exemplo:** Se a sua meta é pagar uma dívida, defina uma data para isso, como: "Quero quitar todas as minhas dívidas até dezembro de 2025." Isso ajuda a estruturar seus planos e manter a disciplina financeira.

## Exercício Prático: Definindo suas Metas SMART

Agora que você entende a estrutura de uma meta SMART, é hora de colocar a teoria em prática. Siga este exercício para começar a definir metas que o conduzam à prosperidade.

**Passo 1: Pense Grande, Mas Específico** Reflita sobre o que a prosperidade significa para você. É ter liberdade financeira? É alcançar uma carreira dos sonhos? Ou talvez seja construir um negócio que lhe traga rendimentos passivos?

**Exemplo:** Se seu sonho é alcançar liberdade financeira, sua meta pode ser: "Quero ter uma renda passiva suficiente para cobrir todas as minhas despesas de vida em 10 anos."

**Passo 2: Divida em Metas Menores** Divida essa grande meta em metas menores e de curto prazo que sejam alcançáveis dentro de semanas ou meses. Isso mantém o impulso e a motivação alta.

**Exemplo:** Se sua meta maior é ter liberdade financeira em 10 anos, uma meta de curto prazo pode ser: "Quero investir 20% da minha renda mensalmente para construir um fundo de emergência nos próximos 12 meses."

**Passo 3: Acompanhamento e Ajuste** Revise suas metas regularmente e ajuste-as conforme necessário. Talvez novas oportunidades surjam ou seus recursos mudem. O importante é continuar no caminho, mesmo que seja necessário fazer mudanças ao longo do tempo.

## Ferramentas e Estratégias para Manter o Foco

Ter metas claras é apenas o primeiro passo; mantê-las no foco e na execução é o desafio real. Aqui estão algumas estratégias que você pode usar para garantir que continue progredindo em direção às suas metas de prosperidade.

### 1. Use um Diário de Metas

Mantenha um diário onde você registra suas metas e acompanha o progresso. Anote vitórias, desafios e lições aprendidas ao longo do caminho.

### 2. Crie um Plano de Ação

Para cada meta, defina as ações necessárias. Por exemplo, se sua meta é economizar 5.000 kwanzas por mês, seu plano de ação pode incluir cortar gastos desnecessários ou criar uma nova fonte de renda.

### 3. Monitore Diariamente

Considere rever suas metas todos os dias, mesmo que por alguns minutos. Isso ajuda a manter o foco e a fazer pequenos ajustes, se necessário. Colocar as metas em locais visíveis também pode servir como um lembrete diário.

### 4. Recompense-se

A cada pequena conquista, recompense-se. Isso reforça um ciclo positivo de esforço e realização. As recompensas podem ser simples, como sair para um jantar especial ou comprar algo que você goste.

## Conclusão

Nesta aula, aprendemos como definir metas SMART para acelerar sua jornada rumo à prosperidade. Ao ser específico, mensurável, realista, relevante e com prazos, você aumenta significativamente suas chances de sucesso. Agora é a hora de começar a aplicar essas técnicas, estabelecendo suas metas financeiras e pessoais, e começar a agir.

Na **Aula 5**, discutiremos como manter uma **mentalidade de crescimento** e superar os desafios que surgem no caminho para alcançar suas metas de prosperidade.

## Aula 5: Mantendo uma Mentalidade de Crescimento para a Prosperidade

### O Poder da Mentalidade

A mentalidade desempenha um papel crucial no caminho para a prosperidade. Ter a mentalidade correta pode ser a diferença entre o sucesso e o fracasso em seus empreendimentos. Muitas pessoas se limitam com pensamentos negativos, crenças autossabotadoras e medo do fracasso. Nesta aula, vamos abordar como desenvolver e manter uma **mentalidade de crescimento**, que é essencial para expandir suas oportunidades e enfrentar os desafios com resiliência e confiança.

### O Que é uma Mentalidade de Crescimento?

O conceito de mentalidade de crescimento foi popularizado pela psicóloga Carol Dweck, que o define como a crença de que as habilidades e a inteligência podem ser desenvolvidas através de dedicação e esforço. Ao contrário da **mentalidade fixa**, onde as pessoas acreditam que suas habilidades são inatas e imutáveis, a mentalidade de crescimento abraça desafios, vê o fracasso como uma oportunidade de aprendizado e entende que o desenvolvimento pessoal é um processo contínuo.

### Características de uma Mentalidade de Crescimento:

- **Aprender com os Erros:** Vê o fracasso como parte do processo de aprendizado, não como uma derrota final.
- **Buscar Desafios:** Está sempre à procura de novos desafios e oportunidades para crescer.
- **Esforço Constante:** Reconhece que o esforço contínuo é necessário para melhorar e alcançar resultados.

- **Feedback Positivo:** Recebe críticas e sugestões como ferramentas para aprimoramento, não como ataques pessoais.
- **Persistência:** Não desiste facilmente diante dos obstáculos, mas persiste até alcançar seus objetivos.

## O Papel da Mentalidade no Sucesso Financeiro

No caminho para a prosperidade, uma mentalidade de crescimento pode ajudá-lo a ultrapassar barreiras como dificuldades financeiras, falta de oportunidades imediatas ou desânimo. Muitas vezes, as pessoas falham porque têm uma mentalidade fixa sobre dinheiro e sucesso. Elas acreditam que nasceram com certas limitações, como "nunca serei rico" ou "não sou bom em finanças", o que as impede de progredir.

Com uma mentalidade de crescimento, você entende que, embora possa não saber tudo sobre finanças agora, pode aprender e se desenvolver com o tempo. Cada obstáculo é visto como uma oportunidade de melhoria.

## Como Desenvolver uma Mentalidade de Crescimento

Agora que entendemos a importância da mentalidade de crescimento, vamos explorar algumas estratégias práticas para desenvolver essa atitude:

### 1. Aceite Desafios

Desafios são oportunidades de crescimento. Ao aceitar novas tarefas e buscar sair da sua zona de conforto, você se coloca no caminho do aprendizado e da superação. Quando se trata de prosperidade, isso pode significar investir em novas habilidades, explorar diferentes fontes de renda ou assumir projetos maiores.

**Exemplo:** Se você nunca lidou com investimentos antes, aceite o desafio de aprender sobre o mercado financeiro, mesmo que pareça complexo no início. Cada pequeno passo que você dá em direção ao aprendizado lhe traz mais confiança.

### 2. Encare o Fracasso como Aprendizado

O fracasso faz parte do processo de sucesso. Muitas pessoas desistem ao primeiro sinal de dificuldade, mas aqueles com uma mentalidade de crescimento veem o fracasso como um trampolim para o progresso. Quando algo não sai como o planejado, reflita sobre o que pode ser aprendido e como você pode melhorar da próxima vez.

**Exemplo:** Se um empreendimento falhar, em vez de se sentir derrotado, pense: "O que posso aprender com isso?" ou "Como posso ajustar minha abordagem para melhorar?"

### 3. Cultive o Hábito de Aprender Constantemente

Uma mente próspera é uma mente que está sempre aprendendo. Leia livros, faça cursos, busque novas experiências. O aprendizado contínuo não apenas amplia seu conhecimento, mas também mantém sua mente aberta para novas oportunidades de crescimento e sucesso.

**Dica:** Defina um objetivo de aprender algo novo todos os dias, seja lendo sobre finanças, participando de workshops ou explorando novas tecnologias.

### 4. Seja Resiliente

Resiliência é a capacidade de se recuperar rapidamente das dificuldades. No caminho para a prosperidade, você enfrentará desafios, mas a forma como lida com eles é o que determinará seu sucesso. Pessoas com uma mentalidade de crescimento enxergam os obstáculos como temporários e confiam na sua capacidade de superá-los.

**Exemplo:** Se você enfrenta um contratempo financeiro, seja resiliente e busque soluções, como renegociar dívidas ou encontrar novas formas de aumentar sua renda.

### 5. Receba Feedback com Mente Aberta

Críticas construtivas são fundamentais para o crescimento. Em vez de reagir defensivamente, acolha o feedback como uma oportunidade de aprendizado. No caminho para a prosperidade, ouvir outras perspectivas pode ajudar a refinar suas estratégias e melhorar sua abordagem.

**Dica:** Peça feedback a mentores ou pessoas de confiança que possam apontar áreas em que você pode melhorar e crescer.

### Superando a Mentalidade Fixa

Mesmo aqueles que estão comprometidos com a mentalidade de crescimento podem, de vez em quando, ser pegos por pensamentos de mentalidade fixa. Reconhecer esses pensamentos é o primeiro passo para superá-los. Algumas frases comuns de uma mentalidade fixa incluem:

- "Isso é muito difícil para mim."

- "Eu nunca serei bom com dinheiro."
- "Não sou inteligente o suficiente para ter sucesso."

Quando você perceber esses pensamentos, pare e reestruture-os em uma perspectiva de crescimento:

- "Isso é difícil agora, mas posso aprender com o tempo."
- "Posso melhorar minhas habilidades financeiras com estudo e prática."
- "Tenho a capacidade de aprender e me desenvolver."

### Exercício Prático: Criando sua Mentalidade de Crescimento

Vamos realizar um exercício para começar a fortalecer sua mentalidade de crescimento.

**Passo 1: Identifique Um Desafio Atual** Pense em um desafio que está enfrentando atualmente, seja em relação a finanças, carreira ou desenvolvimento pessoal.

**Passo 2: Reflita Sobre Sua Atitude** Pergunte-se: "Como estou lidando com esse desafio?" Você está evitando-o por medo do fracasso? Está vendo-o como uma barreira intransponível? Ou está encarando-o como uma oportunidade de crescimento?

**Passo 3: Reformule o Desafio** Agora, reformule sua abordagem com uma mentalidade de crescimento. Em vez de pensar "Eu nunca conseguirei isso", pense "Quais habilidades posso desenvolver para superar esse desafio?"

**Passo 4: Aja** Com essa nova mentalidade, defina um plano de ação. Quais passos pequenos e concretos você pode dar para enfrentar esse desafio de maneira proativa?

### Conclusão

A mentalidade é um fator determinante para a prosperidade. Ao adotar uma mentalidade de crescimento, você se coloca no caminho para o sucesso, enfrentando desafios com coragem e aprendendo com cada experiência. Lembre-se de que a prosperidade não é apenas uma questão de sorte ou de circunstâncias externas; é um reflexo direto da sua mentalidade e das ações que você toma.

Na **Aula 6**, vamos discutir o poder das **ações consistentes** e como pequenos hábitos diários podem levar a grandes transformações rumo à prosperidade.

## Aula 6: O Poder das Ações Consistentes para a Prosperidade

### Por que a Consistência é Essencial?

Se você deseja alcançar a verdadeira prosperidade, apenas mudar sua mentalidade não é suficiente. A prosperidade não é um objetivo que você atinge de uma só vez, mas sim o resultado de ações contínuas e consistentes ao longo do tempo. Nesta aula, vamos explorar como as **ações consistentes** são o motor que impulsiona a concretização dos seus sonhos de prosperidade e como você pode aplicar essa prática de forma eficaz no seu dia a dia.

### A Importância da Ação Diária

Ações isoladas, por mais grandiosas que sejam, dificilmente trarão mudanças duradouras. O que realmente faz diferença é a soma das pequenas ações realizadas de forma consistente. A consistência cria hábitos e, quando esses hábitos estão alinhados com seus objetivos, eles conduzem ao sucesso.

**Exemplo:**

Imagine que seu objetivo é poupar uma grande quantia de dinheiro ao longo de um ano. Se você tentar economizar apenas uma vez e parar, não verá resultados. Mas, se economizar uma pequena quantia todos os meses de forma consistente, no final do ano você terá acumulado um valor significativo. Essa mesma lógica se aplica a qualquer objetivo de prosperidade.

### A Fórmula Simples para o Sucesso: Pequenas Ações Repetidas

A prosperidade é construída por pequenas ações, repetidas de forma consistente, até que os resultados se tornem evidentes. Pessoas que parecem ter "sorte" na vida, na verdade, estão executando ações focadas e consistentes que os outros não conseguem ver. Se você quer prosperar, precisa se comprometer com essa fórmula simples:

### Pequena Ação + Consistência + Tempo = Grandes Resultados

**Benefícios de Pequenas Ações Consistentes:**

- **Menos Pressão:** Pequenos passos diários são mais fáceis de realizar e mantêm você no caminho certo.
- **Criação de Hábitos:** A repetição regular transforma suas ações em hábitos automáticos.

- **Efeito Composto:** Pequenas ações somadas criam um efeito composto, que é o crescimento exponencial de seus resultados ao longo do tempo.

## Transformando Seus Objetivos em Ações Diárias

Você já deve ter um objetivo claro em mente, seja ele relacionado a finanças, carreira, saúde ou desenvolvimento pessoal. Agora, vamos dividi-lo em **pequenas ações diárias** que você pode realizar de maneira consistente.

## Exemplo: Objetivo Financeiro

Se seu objetivo é aumentar sua renda, pense nas ações pequenas e concretas que pode tomar todos os dias. Isso pode incluir:

- **Pesquisar novas oportunidades de investimento**.
- **Ler um capítulo de um livro sobre finanças**.
- **Acompanhar suas despesas diárias e identificar onde economizar**.

A chave aqui é agir todos os dias, mesmo que por apenas alguns minutos. O importante é que você esteja se movendo em direção ao seu objetivo.

## Criando uma Rotina Diária de Sucesso

Agora que você entende o poder das ações consistentes, o próximo passo é estabelecer uma **rotina diária** que mantenha você no caminho da prosperidade. A criação de uma rotina elimina a necessidade de depender da motivação momentânea e ajuda a transformar o progresso em algo automático.

### Passo 1: Defina Suas Prioridades

Comece definindo as 3 principais ações diárias que o aproximam de seus objetivos. Essas são suas prioridades e devem ser feitas todos os dias.

### Passo 2: Defina um Horário Fixo

Estabeleça um horário fixo em seu dia para executar essas ações. Isso pode ser no início da manhã, durante a tarde ou antes de dormir. A consistência no horário ajudará a criar um hábito sólido.

### Passo 3: Mantenha-se Responsável

Acompanhe seu progresso todos os dias, anotando suas realizações. Isso pode ser feito em um diário, uma planilha ou até mesmo em aplicativos de produtividade. O importante é que você veja o avanço que está fazendo ao longo do tempo.

## Vencendo a Procrastinação

Muitas vezes, sabemos o que devemos fazer, mas adiamos. A procrastinação é um dos maiores inimigos da consistência. Para vencê-la, é necessário entender suas causas e combatê-las diretamente.

### 1. Divida Tarefas Grandes em Pequenas

Uma das razões pelas quais procrastinamos é porque a tarefa parece grande e assustadora. Dividir grandes tarefas em pequenos passos faz com que elas pareçam mais gerenciáveis.

### 2. Use o Método de 5 Minutos

Comprometa-se a trabalhar em uma tarefa por apenas 5 minutos. Muitas vezes, ao começar, você descobrirá que pode continuar por mais tempo.

### 3. Recompense-se

Estabeleça pequenas recompensas para si mesmo depois de concluir ações importantes. Isso ajuda a manter sua motivação em alta e reforça o hábito de consistência.

## Exercício Prático: Definindo Suas Ações Diárias

Vamos realizar um exercício prático para garantir que você comece a agir de maneira consistente a partir de agora.

**Passo 1: Defina Seu Objetivo** Escreva seu principal objetivo de prosperidade. Pode ser financeiro, de carreira ou pessoal.

**Passo 2: Divida em Ações Diárias** Agora, divida esse objetivo em pequenas ações diárias. Pense em atividades que você pode realizar todos os dias para se aproximar desse objetivo.

**Passo 3: Crie um Plano de Ação** Estabeleça um horário e um compromisso consigo mesmo para realizar essas ações todos os dias. Anote suas realizações diárias para acompanhar seu progresso.

## Conclusão

A consistência é a chave para transformar seus sonhos de prosperidade em realidade. Pequenas ações diárias podem parecer insignificantes no curto prazo, mas, com o tempo, elas se acumulam para gerar resultados impressionantes. Ao estabelecer uma rotina consistente e vencer a procrastinação, você estará no caminho certo para alcançar a verdadeira prosperidade.

Na **Aula 7**, vamos discutir o conceito de **crescimento exponencial** e como suas ações diárias podem criar um impacto multiplicador em sua vida financeira e pessoal.

## Aula 7: O Crescimento Exponencial e o Impacto das Suas Ações Diárias

### Entendendo o Crescimento Exponencial

Nesta aula, vamos explorar o conceito de **crescimento exponencial** e como ele se relaciona com suas ações diárias em direção à prosperidade. O crescimento exponencial se refere a uma taxa de aumento que se torna cada vez mais rápida à medida que a base do valor cresce. Em outras palavras, pequenos esforços consistentes podem levar a resultados extraordinários ao longo do tempo.

**Exemplo de Crescimento Exponencial:**

Um exemplo clássico de crescimento exponencial é o uso de uma planilha para mostrar o poder do juros compostos. Imagine que você investe uma quantia de dinheiro e recebe juros sobre esse investimento. Com o tempo, você não apenas recebe juros sobre o capital inicial, mas também sobre os juros acumulados. Isso cria um efeito multiplicador que resulta em um aumento substancial do seu capital.

### Como as Ações Diárias Contribuem para o Crescimento Exponencial

Assim como os juros compostos, as pequenas ações diárias que você realiza em direção a seus objetivos também se acumulam, criando um efeito exponencial. Aqui estão algumas maneiras de como isso acontece:

**1. A Importância da Repetição**

Quando você realiza ações diariamente, não apenas melhora suas habilidades, mas também aumenta seu conhecimento e experiência.

Essa repetição leva à maestria, permitindo que você atinja seus objetivos mais rapidamente e com mais eficiência.

**Exemplo:** Se você estiver praticando uma habilidade como programação, cada linha de código que você escreve contribui para seu aprendizado e competência, resultando em um nível de proficiência que se expande exponencialmente ao longo do tempo.

### 2. Aumentando seu Potencial de Oportunidades

À medida que você se dedica consistentemente às suas ações, começa a criar oportunidades inesperadas. Quando você é ativo em um campo ou setor, se torna visível para outras pessoas e oportunidades, o que pode resultar em parcerias, novos projetos e colaboração.

**Exemplo:** Uma pessoa que escreve todos os dias não apenas melhora sua escrita, mas também pode começar a atrair a atenção de editoras, colegas escritores e leitores, potencializando sua visibilidade no mercado.

### 3. Impacto da Rede de Relacionamentos

A consistência em suas ações também ajuda a construir uma rede sólida de relacionamentos. À medida que você se torna mais ativo e engajado, as pessoas ao seu redor começam a notar seu compromisso e dedicação, o que pode levar a colaborações frutíferas e novas oportunidades.

**Exemplo:** Se você se envolve em eventos de networking regularmente, a probabilidade de encontrar mentores ou oportunidades de emprego aumenta exponencialmente.

## Desenvolvendo um Plano de Crescimento Exponencial

Para aproveitar o poder do crescimento exponencial em sua jornada para a prosperidade, você pode desenvolver um plano estratégico com ações diárias. Aqui estão os passos:

### Passo 1: Defina Seu Objetivo de Crescimento

Identifique um objetivo específico que você deseja alcançar nos próximos meses ou anos. Este objetivo deve ser claro e mensurável.

### Passo 2: Estabeleça Ações Diárias Consistentes

Liste as ações diárias que o ajudarão a se aproximar desse objetivo. Certifique-se de que sejam ações pequenas e gerenciáveis que você possa executar todos os dias.

**Passo 3: Acompanhe Seu Progresso**

Crie um sistema de acompanhamento para monitorar suas ações e resultados. Isso pode ser um diário, uma planilha ou um aplicativo. O importante é que você visualize seu progresso e ajuste suas ações conforme necessário.

**Passo 4: Reflita e Ajuste**

Regularmente, reserve um tempo para refletir sobre o que está funcionando e o que não está. O que você pode ajustar em suas ações diárias para maximizar seu crescimento? A adaptabilidade é fundamental para o crescimento exponencial.

## Exercício Prático: Aplicando o Crescimento Exponencial na Sua Vida

Vamos realizar um exercício prático para aplicar o conceito de crescimento exponencial em sua vida.

**Passo 1: Escreva Seu Objetivo de Crescimento** Defina um objetivo de longo prazo que você deseja alcançar. Por exemplo, "Quero economizar 50.000 kwanzas em dois anos".

**Passo 2: Crie um Plano de Ação Diária** Liste 3 a 5 ações diárias que o ajudarão a alcançar esse objetivo. Por exemplo:

- Poupar 70 kwanzas por dia.
- Investir em uma educação financeira diária (ler um artigo ou assistir a um vídeo).
- Monitorar e reduzir gastos em 10%.

**Passo 3: Estabeleça um Cronograma de Revisão** Defina uma data a cada mês para revisar seu progresso em relação ao seu objetivo. Ajuste suas ações, se necessário, para garantir que você está no caminho certo.

**Passo 4: Celebre Pequenas Conquistas** A cada mês, celebre seus pequenos sucessos. Isso reforça seu comprometimento e o motiva a continuar.

## Conclusão

O crescimento exponencial é um conceito poderoso que, quando aplicado, pode transformar seus objetivos de prosperidade em realidade. Ao se comprometer com ações diárias consistentes, você não apenas constrói habilidades e experiência, mas também cria oportunidades que podem levar a resultados surpreendentes ao longo do tempo.

Na **Aula 8**, vamos discutir a importância de **estabelecer metas claras e específicas**, e como as metas podem servir como um guia para suas ações e progresso rumo à prosperidade.

## Aula 8: Estabelecendo Metas Claras e Específicas para a Prosperidade

### A Importância das Metas

Nesta aula, abordaremos a **importância de estabelecer metas claras e específicas** como parte fundamental da sua jornada em direção à prosperidade. Metas bem definidas não apenas fornecem um senso de direção, mas também atuam como um mapa que orienta suas ações diárias e mantém você motivado.

### O que são Metas Claras e Específicas?

Metas claras e específicas são aquelas que definem exatamente o que você deseja alcançar, sem ambiguidade. Elas devem ser mensuráveis, alcançáveis, relevantes e limitadas no tempo (critérios que conhecemos como SMART: Specific, Measurable, Achievable, Relevant, Time-bound).

**Exemplo:**

- **Meta vaga:** "Quero ser rico."
- **Meta clara e específica:** "Quero economizar 100.000 kwanzas em dois anos e investir em ações mensalmente."

### Por que Estabelecer Metas?

As metas desempenham um papel crucial na realização de seus objetivos de prosperidade. Aqui estão algumas razões pelas quais você deve estabelecer metas claras e específicas:

## 1. Foco e Direção

Metas fornecem um foco claro, permitindo que você concentre suas energias e recursos nas ações que realmente importam. Isso reduz a dispersão e aumenta a eficácia.

## 2. Motivação

Quando você tem metas específicas, é mais fácil se manter motivado. O progresso tangível, como o alcance de marcos ao longo do caminho, alimenta sua determinação e compromisso.

## 3. Medição de Progresso

Metas mensuráveis permitem que você acompanhe seu progresso. Você pode avaliar o que está funcionando e o que precisa ser ajustado, garantindo que esteja sempre avançando em direção ao seu objetivo final.

## 4. Superação de Desafios

Estabelecer metas ajuda você a se preparar para os desafios que pode enfrentar. Quando você tem um objetivo claro, é mais fácil manter a perspectiva e encontrar soluções para obstáculos.

## Como Estabelecer Metas Claras e Específicas

Agora que entendemos a importância das metas, vamos aprender como definir metas que realmente funcionem.

### Passo 1: Identifique Seus Desejos e Objetivos

Comece identificando o que você realmente deseja alcançar. Pergunte a si mesmo:

- O que significa prosperidade para mim?
- Quais áreas da minha vida precisam de mais foco (finanças, carreira, saúde, relacionamentos)?

### Passo 2: Transforme Desejos em Metas

Pegue seus desejos e transforme-os em metas específicas. Lembre-se de seguir o critério SMART.

**Exemplo:**

- **Desejo:** "Quero ter mais segurança financeira."

- **Meta SMART:** "Quero ter um fundo de emergência com 6 meses de despesas em 1 ano."

### Passo 3: Quebre Metas em Etapas Menores

Uma meta grande pode parecer intimidadora. Divida-a em etapas menores que possam ser alcançadas. Isso facilita o progresso e permite que você celebre pequenas vitórias ao longo do caminho.

**Exemplo:** Se sua meta é economizar 100.000 kwanzas em dois anos, quebre isso em:

- Economizar 4.166 kwanzas por mês.
- Fazer um orçamento mensal para acompanhar suas despesas.

### Passo 4: Estabeleça Prazos

Defina prazos realistas para suas metas. Isso cria um senso de urgência e responsabilidade. Acompanhe seu progresso regularmente e ajuste seus planos conforme necessário.

### Passo 5: Revise e Ajuste Suas Metas

À medida que você avança, reserve um tempo para revisar suas metas. Você pode descobrir que precisa ajustar suas metas com base nas circunstâncias ou em novos aprendizados. O importante é permanecer flexível e adaptável.

## Exercício Prático: Estabelecendo Suas Metas

Vamos realizar um exercício prático para ajudá-lo a definir suas metas de forma clara e específica.

**Passo 1: Escreva Seus Objetivos de Prosperidade** Identifique 3 a 5 objetivos de prosperidade que você deseja alcançar. Lembre-se de que eles devem ser específicos e mensuráveis.

**Passo 2: Transforme em Metas SMART** Para cada objetivo, transforme-o em uma meta SMART. Use o formato: "Quero [o que] até [quando]".

**Passo 3: Quebre em Etapas Menores** Para cada meta, divida-a em etapas menores que você pode realizar diariamente ou semanalmente.

**Passo 4: Defina Prazos** Estabeleça prazos para cada uma das metas e etapas. Anote-os em um local visível.

## Conclusão

Estabelecer metas claras e específicas é uma das etapas mais poderosas que você pode dar na sua jornada em direção à prosperidade. As metas funcionam como um guia, oferecendo foco, motivação e a capacidade de medir seu progresso ao longo do caminho. Ao seguir o processo de definição de metas SMART e quebrar seus objetivos em etapas menores, você se posiciona para alcançar resultados significativos e duradouros.

Na **Aula 9**, abordaremos o tema da **mentalidade de abundância** e como cultivar uma perspectiva positiva pode transformar sua abordagem em relação à prosperidade.

## Aula 9: Cultivando uma Mentalidade de Abundância

### O que é Mentalidade de Abundância?

Nesta aula, vamos explorar o conceito de **mentalidade de abundância** e como ele pode impactar sua vida e sua jornada em direção à prosperidade. A mentalidade de abundância é a crença de que existem recursos suficientes para todos e que você pode alcançar seus objetivos e sonhos sem limites impostos.

### Contraste entre Mentalidade de Abundância e Mentalidade de Escassez

É importante entender a diferença entre mentalidade de abundância e mentalidade de escassez:

- **Mentalidade de Escassez:** Essa mentalidade é caracterizada pela crença de que os recursos são limitados e que você precisa competir com os outros por oportunidades. Isso pode levar a sentimentos de insegurança, inveja e medo.
- **Mentalidade de Abundância:** Ao contrário, a mentalidade de abundância acredita que existem oportunidades e recursos suficientes para todos. Isso fomenta a colaboração, a generosidade e a visão positiva em relação ao sucesso dos outros.

### Por que a Mentalidade de Abundância é Importante?

Uma mentalidade de abundância é fundamental para alcançar a prosperidade por várias razões:

**1. Abertura para Oportunidades**

Quando você acredita que existem muitas oportunidades disponíveis, é mais provável que você se mantenha aberto a novas experiências e possibilidades. Essa abertura pode levar a conexões valiosas e novos caminhos.

## 2. Colaboração e Networking

A mentalidade de abundância promove a colaboração e o apoio mútuo. Ao invés de ver os outros como concorrentes, você os vê como parceiros em potencial. Isso cria um ambiente de aprendizado e crescimento, onde todos se beneficiam.

## 3. Resiliência em Momentos Difíceis

Quando você adota uma mentalidade de abundância, é mais fácil manter a esperança e a resiliência durante tempos desafiadores. A crença de que novas oportunidades surgirão ajuda a enfrentar as adversidades com mais coragem.

## 4. Crescimento Pessoal e Profissional

Uma mentalidade de abundância permite que você busque continuamente o desenvolvimento pessoal e profissional. Você está mais disposto a aprender, a investir em si mesmo e a expandir seus horizontes.

## Como Cultivar uma Mentalidade de Abundância

Agora que entendemos a importância da mentalidade de abundância, vamos discutir algumas estratégias para cultivá-la em sua vida:

## 1. Pratique a Gratidão

A gratidão é uma ferramenta poderosa para mudar sua perspectiva. Reserve um momento todos os dias para refletir sobre as coisas pelas quais você é grato. Isso ajuda a focar no que você tem, ao invés do que falta.

**Exemplo:** Mantenha um diário de gratidão onde você anota três coisas pelas quais é grato todos os dias.

## 2. Afirme Suas Crenças Positivas

As afirmações são uma maneira eficaz de reforçar uma mentalidade de abundância. Crie afirmações positivas que reflitam sua crença na abundância e repita-as diariamente.

**Exemplo:** "Existem oportunidades infinitas à minha disposição" ou "Eu sou merecedor de prosperidade em todas as áreas da minha vida."

### 3. Cerque-se de Pessoas Positivas

As pessoas com quem você se associa podem influenciar sua mentalidade. Procure se cercar de indivíduos que compartilham uma mentalidade de abundância e que o apoiam em seus objetivos.

### 4. Mude sua Linguagem

Preste atenção à sua linguagem. Em vez de usar palavras que refletem escassez, como "não posso" ou "não tenho", comece a usar uma linguagem que promova abundância, como "Estou aberto a" ou "Estou criando oportunidades".

### 5. Pratique a Generosidade

Ser generoso e ajudar os outros é uma das melhores maneiras de cultivar uma mentalidade de abundância. Isso não se refere apenas a doações financeiras, mas também a compartilhar conhecimento, tempo e apoio.

## Exercício Prático: Cultivando a Mentalidade de Abundância

Vamos realizar um exercício prático para ajudá-lo a cultivar uma mentalidade de abundância em sua vida.

**Passo 1: Crie uma Lista de Gratidão** Reserve um tempo para escrever uma lista de 10 coisas pelas quais você é grato. Seja específico e reflita sobre como cada item contribui para sua vida.

**Passo 2: Defina Afirmações Positivas** Escreva três afirmações que reforcem sua crença na abundância. Coloque essas afirmações em um lugar visível e repita-as diariamente.

**Passo 3: Identifique Relações Positivas** Faça uma lista de pessoas em sua vida que têm uma mentalidade de abundância. Considere maneiras de se conectar ou passar mais tempo com essas pessoas.

**Passo 4: Pratique a Generosidade** Escolha uma forma de ser generoso esta semana. Isso pode ser oferecer seu tempo, compartilhar conhecimento ou ajudar alguém em necessidade.

## Conclusão

Cultivar uma mentalidade de abundância é um passo essencial para alcançar a prosperidade. Ao mudar sua perspectiva e adotar crenças que promovem oportunidades e crescimento, você se posiciona para experiências mais positivas e realizações significativas. Ao praticar a gratidão, fazer afirmações positivas e se cercar de pessoas que compartilham essa mentalidade, você pode transformar sua abordagem em relação à vida e abrir portas para novas oportunidades.

Na **Aula 10**, exploraremos o conceito de **inteligência emocional** e sua importância na busca pela prosperidade.

## Aula 10: A Importância da Inteligência Emocional na Prosperidade

### O que é Inteligência Emocional?

Nesta aula, vamos explorar o conceito de **inteligência emocional** e como ela desempenha um papel fundamental na sua jornada em direção à prosperidade. A inteligência emocional é a capacidade de reconhecer, entender e gerenciar suas próprias emoções, assim como a habilidade de reconhecer, entender e influenciar as emoções dos outros.

### Componentes da Inteligência Emocional

A inteligência emocional é composta por cinco componentes principais:

1. **Autoconhecimento:** A capacidade de reconhecer suas próprias emoções e como elas afetam seus pensamentos e comportamentos.
2. **Autocontrole:** A habilidade de gerenciar suas emoções de forma saudável e produtiva, evitando reações impulsivas.
3. **Motivação:** A capacidade de usar suas emoções para alcançar objetivos, manter-se focado e ser resiliente diante de desafios.
4. **Empatia:** A habilidade de entender e se conectar com as emoções dos outros, permitindo uma comunicação eficaz e relacionamentos saudáveis.
5. **Habilidades Sociais:** A capacidade de interagir bem com os outros, construir relacionamentos e resolver conflitos de maneira construtiva.

### Por que a Inteligência Emocional é Importante para a Prosperidade?

A inteligência emocional é essencial para alcançar a prosperidade por várias razões:

## 1. Tomada de Decisões

Pessoas com alta inteligência emocional tendem a tomar decisões mais informadas e equilibradas. Elas conseguem considerar tanto suas emoções quanto as emoções dos outros, levando em conta as consequências de suas escolhas.

## 2. Resiliência

A inteligência emocional permite que você enfrente desafios e contratempos com uma mentalidade mais positiva. Em vez de ser dominado por emoções negativas, você pode encontrar maneiras de aprender e crescer com as experiências.

## 3. Relacionamentos Saudáveis

A capacidade de entender e gerenciar suas emoções, assim como as dos outros, é crucial para construir relacionamentos saudáveis e duradouros. Relações fortes são fundamentais para o apoio mútuo e o crescimento.

## 4. Aumento da Motivação

A inteligência emocional ajuda a manter a motivação em tempos difíceis. Ao entender suas emoções, você pode encontrar maneiras de se manter focado e energizado em direção aos seus objetivos.

**Como Desenvolver a Inteligência Emocional**

Agora que entendemos a importância da inteligência emocional, vamos discutir algumas estratégias para desenvolvê-la em sua vida:

## 1. Pratique o Autoconhecimento

Reserve um tempo para refletir sobre suas emoções. Pergunte a si mesmo:

- O que estou sentindo neste momento?
- Como isso afeta minhas decisões e comportamentos?

Escrever em um diário pode ser uma maneira eficaz de registrar suas emoções e padrões de comportamento.

## 2. Aprenda a Gerenciar suas Emoções

Quando sentir emoções intensas, pratique técnicas de autocontrole, como a respiração profunda ou a meditação. Isso pode ajudá-lo a acalmar sua mente e a reagir de forma mais ponderada.

### 3. Cultive a Empatia

Para desenvolver a empatia, procure entender a perspectiva dos outros. Ouça atentamente quando as pessoas falam e tente se colocar no lugar delas. Isso melhora suas habilidades de comunicação e constrói relacionamentos mais profundos.

### 4. Melhore suas Habilidades Sociais

Pratique habilidades sociais, como a comunicação eficaz, a resolução de conflitos e o trabalho em equipe. Participe de grupos ou atividades onde você pode interagir com diferentes pessoas e aprender a se comunicar melhor.

### 5. Busque Feedback

Peça feedback a amigos ou colegas sobre como você lida com suas emoções e interações sociais. Este feedback pode ajudá-lo a identificar áreas de melhoria e a fortalecer sua inteligência emocional.

### Exercício Prático: Desenvolvendo sua Inteligência Emocional

Vamos realizar um exercício prático para ajudá-lo a desenvolver sua inteligência emocional.

**Passo 1: Reflexão sobre Emoções** Reserve 10 minutos para refletir sobre uma situação recente em que você sentiu uma emoção forte (positiva ou negativa). Pergunte-se:

- O que eu estava sentindo?
- Como isso afetou minhas ações?

**Passo 2: Prática da Empatia** Escolha uma pessoa em sua vida e faça um esforço consciente para ouvir o que ela está dizendo, sem interromper. Após a conversa, reflita sobre como você se sentiu e o que aprendeu sobre a perspectiva dela.

**Passo 3: Habilidades Sociais** Identifique uma habilidade social que você gostaria de melhorar, como a comunicação ou a resolução de conflitos. Crie um plano de ação para praticar essa habilidade nas próximas semanas.

## Conclusão

A inteligência emocional é uma habilidade poderosa que pode transformar sua vida e sua jornada em direção à prosperidade. Ao aprender a reconhecer, entender e gerenciar suas emoções, assim como as dos outros, você se torna mais eficaz em suas interações, toma decisões mais equilibradas e constrói relacionamentos mais saudáveis. Ao desenvolver sua inteligência emocional, você se prepara para enfrentar desafios com resiliência e aproveitar as oportunidades que surgem em seu caminho.

Na **Aula 11**, vamos discutir a **importância da mentalidade de crescimento** e como ela pode impulsionar sua prosperidade.

## Aula 11: A Importância da Mentalidade de Crescimento na Prosperidade

### O que é Mentalidade de Crescimento?

Nesta aula, vamos explorar o conceito de **mentalidade de crescimento** e como ele pode impactar sua jornada em direção à prosperidade. A mentalidade de crescimento é a crença de que suas habilidades e inteligência podem ser desenvolvidas com esforço, aprendizado e persistência. Esse conceito foi popularizado pela psicóloga Carol Dweck.

### Contraste entre Mentalidade de Crescimento e Mentalidade Fixa

É importante entender a diferença entre mentalidade de crescimento e mentalidade fixa:

- **Mentalidade Fixa:** Essa mentalidade é caracterizada pela crença de que suas habilidades e inteligência são estáticas e não podem ser alteradas. Isso pode levar a um medo de falhar e a evitar desafios.
- **Mentalidade de Crescimento:** Em contrapartida, a mentalidade de crescimento acredita que você pode melhorar e se desenvolver através do esforço e da prática. Isso encoraja a busca de desafios e a resiliência diante das dificuldades.

### Por que a Mentalidade de Crescimento é Importante para a Prosperidade?

Adotar uma mentalidade de crescimento é essencial para alcançar a prosperidade por várias razões:

## 1. Abordagem Proativa em Relação a Desafios

Pessoas com mentalidade de crescimento estão mais propensas a enfrentar desafios de forma proativa. Elas veem as dificuldades como oportunidades de aprendizado, em vez de obstáculos insuperáveis.

## 2. Aprendizado Contínuo

Uma mentalidade de crescimento promove o desejo de aprender continuamente. Essa busca por conhecimento e desenvolvimento é fundamental para o crescimento pessoal e profissional.

## 3. Resiliência e Superação

Quando você acredita que pode se desenvolver, é mais fácil se recuperar de fracassos e contratempos. A mentalidade de crescimento ajuda a manter uma perspectiva positiva e motivada, mesmo em face de desafios.

## 4. Melhores Relacionamentos

A mentalidade de crescimento também impacta seus relacionamentos. Ao ver os outros como capazes de aprender e crescer, você é mais propenso a oferecer apoio e encorajamento, o que fortalece os vínculos interpessoais.

## Como Cultivar uma Mentalidade de Crescimento

Agora que entendemos a importância da mentalidade de crescimento, vamos discutir algumas estratégias para cultivá-la em sua vida:

### 1. Aceite Desafios

Procure ativamente desafios em sua vida, seja em seu trabalho, estudos ou hobbies. Encarar novas experiências pode ajudá-lo a expandir suas habilidades e a aprender mais sobre si mesmo.

**Exemplo:** Experimente aprender uma nova habilidade ou hobby, mesmo que no início você não se sinta confiante.

### 2. Reflita sobre o Fracasso

Em vez de ver o fracasso como algo negativo, reflita sobre o que você aprendeu com essa experiência. Pergunte-se:

- O que poderia ter sido diferente?

- O que posso aprender para melhorar no futuro?

### 3. Mantenha uma Mentalidade de Aprendizado

Sempre que enfrentar uma dificuldade, pergunte-se: "O que posso aprender com isso?" Adote a mentalidade de que cada situação, positiva ou negativa, é uma oportunidade para crescer.

### 4. Busque Feedback

Esteja aberto a receber feedback construtivo de outras pessoas. O feedback é uma ferramenta valiosa para seu desenvolvimento e pode ajudá-lo a identificar áreas de melhoria.

### 5. Pratique a Autocompaixão

Seja gentil consigo mesmo em momentos de fracasso. A autocrítica severa pode prejudicar sua confiança e impedir seu crescimento. Pratique a autocompaixão e lembre-se de que todos cometem erros.

## Exercício Prático: Cultivando a Mentalidade de Crescimento

Vamos realizar um exercício prático para ajudá-lo a desenvolver uma mentalidade de crescimento.

**Passo 1: Identifique um Desafio** Escolha um desafio que você gostaria de enfrentar. Pode ser algo relacionado ao seu trabalho, um novo hobby ou uma habilidade que deseja desenvolver.

**Passo 2: Defina Metas de Aprendizado** Estabeleça metas específicas para o que você gostaria de aprender com esse desafio. Pergunte-se:

- O que quero alcançar?
- Quais habilidades preciso desenvolver?

**Passo 3: Reflita sobre Falhas Anteriores** Escreva sobre uma falha ou desafio anterior que você enfrentou. O que aprendeu com essa experiência? Como você poderia aplicar esse aprendizado a situações futuras?

**Passo 4: Busque Feedback** Peça feedback a alguém sobre uma habilidade ou área que você gostaria de melhorar. Esteja aberto a ouvir e a aplicar as sugestões recebidas.

## Exemplos Práticos de Definição de Metas

Vamos explorar exemplos práticos de metas em diferentes áreas da vida.

### Exemplo 1: Carreira

**Meta:** Aumentar a minha renda em 20% nos próximos 12 meses.

- **Específica:** Quero aumentar minha renda.
- **Mensurável:** Aumento de 20%.
- **Atingível:** Através de uma promoção ou buscando um novo emprego.
- **Relevante:** Isso contribuirá para minha segurança financeira.
- **Temporal:** Dentro de 12 meses.

### Exemplo 2: Desenvolvimento Pessoal

**Meta:** Ler 12 livros sobre desenvolvimento pessoal em um ano.

- **Específica:** Quero ler livros sobre desenvolvimento pessoal.
- **Mensurável:** Um livro por mês.
- **Atingível:** Através de uma rotina de leitura diária.
- **Relevante:** Isso irá contribuir para meu crescimento pessoal.
- **Temporal:** Ao longo de 12 meses.

### Exemplo 3: Saúde e Bem-Estar

**Meta:** Perder 5 kg em 3 meses.

- **Específica:** Quero perder peso.
- **Mensurável:** Perda de 5 kg.
- **Atingível:** Com uma dieta equilibrada e exercícios regulares.
- **Relevante:** Isso melhorará minha saúde e autoestima.
- **Temporal:** Dentro de 3 meses.

### Exemplo 4: Finanças Pessoais

**Meta:** Economizar 10% do meu salário todo mês durante um ano.

- **Específica:** Quero economizar uma parte do meu salário.
- **Mensurável:** 10% do salário.
- **Atingível:** Através de um orçamento e controle de despesas.
- **Relevante:** Isso me ajudará a criar um fundo de emergência.
- **Temporal:** Todo mês durante um ano.

## Conclusão

A mentalidade de crescimento é uma ferramenta poderosa que pode transformar sua vida e sua jornada em direção à prosperidade. Ao adotar essa mentalidade, você se torna mais resiliente, motivado e aberto a novas oportunidades. A prática contínua de aceitar desafios, aprender com falhas e buscar feedback pode impulsionar seu crescimento pessoal e profissional, preparando-o para o sucesso.

Na **Aula 12**, discutiremos a **importância de definir metas claras** e como isso pode facilitar sua jornada em direção à prosperidade.

## Aula 12: Definindo Metas Claras para Alcançar a Prosperidade

### Por que Definir Metas é Importante?

Definir metas é um passo crucial na jornada em direção à prosperidade. Metas claras proporcionam direção, motivação e um senso de propósito. Elas ajudam a transformar seus sonhos em realidades, permitindo que você foque seus esforços em ações específicas e mensuráveis.

### Benefícios de Definir Metas

1. **Direção Clara:** Metas ajudam a traçar um caminho claro para o que você deseja alcançar.
2. **Motivação Aumentada:** Ter um objetivo específico em mente pode aumentar sua motivação e comprometimento.
3. **Avaliação de Progresso:** Metas permitem que você monitore seu progresso e faça ajustes conforme necessário.
4. **Senso de Realização:** Ao atingir metas, você experimenta uma sensação de realização que impulsiona sua confiança e autoestima.

### Como Definir Metas Eficazes

Para que suas metas sejam eficazes, siga a metodologia SMART:

- **S (Específica):** A meta deve ser clara e específica.
- **M (Mensurável):** Deve ser possível medir o progresso em direção à meta.
- **A (Atingível):** A meta deve ser desafiadora, mas alcançável.
- **R (Relevante):** A meta deve ser relevante para seus objetivos gerais.
- **T (Temporal):** Deve haver um prazo para a conclusão da meta.

## Como Acompanhar o Progresso

Após definir suas metas, é essencial acompanhar seu progresso. Aqui estão algumas estratégias para ajudá-lo:

1. **Diário de Metas:** Mantenha um diário onde você possa anotar suas metas, progresso e reflexões.
2. **Check-ins Mensais:** Reserve um tempo a cada mês para revisar suas metas e avaliar o que funcionou e o que não funcionou.
3. **Celebrar Conquistas:** Sempre que atingir uma meta, celebre sua conquista, não importa quão pequena. Isso ajuda a manter a motivação.

## Exercício Prático: Definindo suas Próprias Metas

Vamos realizar um exercício prático para ajudá-lo a definir suas próprias metas.

**Passo 1: Identifique uma Área de Foco** Escolha uma área da sua vida onde você gostaria de melhorar ou alcançar um objetivo (carreira, finanças, saúde, desenvolvimento pessoal, etc.).

**Passo 2: Defina sua Meta** Usando a metodologia SMART, escreva sua meta. Lembre-se de ser específico, mensurável, atingível, relevante e temporal.

**Passo 3: Crie um Plano de Ação** Desenvolva um plano de ação com etapas específicas que você precisará seguir para atingir sua meta.

**Passo 4: Estabeleça um Sistema de Monitoramento** Decida como você acompanhará seu progresso. Isso pode ser feito semanalmente, mensalmente ou por meio de um diário.

## Conclusão

Definir metas claras é um passo essencial para alcançar a prosperidade. Ao seguir a metodologia SMART e monitorar seu progresso, você pode transformar seus sonhos em realidades tangíveis. As metas fornecem direção, motivação e um senso de realização, permitindo que você avance em sua jornada de crescimento pessoal e profissional.

Na **Aula 13**, abordaremos **estratégias práticas para a gestão do tempo**, uma habilidade vital para alcançar seus objetivos.

## Bibliografia

Dweck, C. S. (2006). *Mindset: The new psychology of success.* Random House.

Covey, S. R. (2004). *The 7 habits of highly effective people: Powerful lessons in personal change.* Free Press.

Robinson, K. (2011). *Out of our minds: Learning to be creative.* Capstone Publishing.

Seligman, M. E. P. (2011). *Flourish: A visionary new understanding of happiness and well-being.* Free Press.

Ziglar, Z. (2001). *See you at the top: 30th anniversary edition.* Pelican Publishing Company.

## Artigos Acadêmicos

Schunk, D. H., & Zimmerman, B. (Eds.). (2012). *Motivation and self-regulated learning: Theory, research, and applications.* Routledge.

Locke, E. A., & Latham, G. P. (2002). Building a practically useful theory of goal setting and task motivation: A 35-year odyssey. *American Psychologist, 57*(9), 705-717. https://doi.org/10.1037/0003-066X.57.9.705

## Sites e Recursos Online

MindTools. (n.d.). *Goal setting: A fresh perspective.* Recuperado de https://www.mindtools.com/pages/article/newTCS_90.htm

Verywell Mind. (2021). *The power of a growth mindset.* Recuperado de https://www.verywellmind.com/the-power-of-a-growth-mindset-2796063

## Vídeos

TED. (2013). *The power of believing that you can improve | Carol Dweck.* Recuperado de https://www.ted.com/talks/carol_dweck_the_power_of_believing_that_you_can_improve

www.ingramcontent.com/pod-product-compliance
Lightning Source LLC
Chambersburg PA
CBHW030054230526
45471CB00003B/1100